李其琼
敦煌成了我生命的全部，也许光荣来源于苦难，最高的爱来自深渊。

关友惠
一个人在洞窟临画非常安静，除了偶尔可以听到窟外树叶经风吹动，轻轻的沙沙声，就只有画笔运行时发出的气息与心音。临画思想高度集中时，有时会忘掉自己，据说禅僧入定时就是这样。

万庚育
自1954年我和（李）贞伯决定从北京到敦煌莫高窟那天起，我们就没为当初的选择后悔过，因为我们热爱敦煌艺术，能在世界瞩目的莫高窟工作，学习传承研究弘扬敦煌艺术，是多么荣幸！

李云鹤
我今年八十五岁了，已有些力不从心，无法抢救修复更多的文物了，但我毕生作为一名匠人的信念没有丝毫动摇。我会干到我干不动为止，我也会把自己用了几十年的工具传承给我的儿子，让他继续把优秀的敦煌壁画修复技术和匠人品质继承下去。

施萍婷
在"文革"那些特殊的年代，许多老先生们都受到不公正的待遇，但没有一个人要求离开敦煌。千真万确是"打不走的莫高窟人"，敦煌像一块磁铁，吸引着钢铁般的人们。他们与敦煌同呼吸，共命运，他们对敦煌如痴如醉，忠贞不贰。要问为什么，那就是因为莫高窟是值得为之献身的地方！

李最雄
段先生给我最重要的任务，就是建立一支保护的队伍。我们就像是一群给文物看病的大夫，得时时关心、牵挂着它们。

赵声良
莫高窟虽然黄沙漫漫，但我觉得就是我的家，每次回到家我就感觉很亲切，一进入洞窟，就有一种温暖的感觉，莫高窟伴随了我一辈子。

王旭东
我从莫高窟这份文化遗产，从莫高窟的先辈们，从敦煌研究院这个集体中获得了巨大的精神力量，那种在不断探索、不断坚守、不断创新、不断开拓中积淀的力量。不管我走到哪个地方去，遇到什么样的困难，什么样的挫折，只要想一想莫高窟的前辈，就觉得没有什么大不了。敦煌给我的那种力量，一定会支撑我，去解决我遇到的各种困难。

苏伯民
别人看到的是静止的物，我看到的是活的生命和无穷奥秘。壁画中的一抹绿，不仅是有机颜料、无机颜料的叠加，更蕴含着匠心巧思。在外人看来，在这样一个四面都是荒漠戈壁的环境当中，好像有点与世隔绝的味道。实际上每天来到洞窟，对壁画细节逐个进行考证、研究，查询资料，这就是我们的兴趣点所在。好像我们这些人跟这个环境已经融为一体了。

HUACAI MOGAOKU

华彩莫高窟

敦煌研究院　编
王慧慧　著

化学工业出版社
·北京·

内容简介

莫高窟,俗称"千佛洞",位于敦煌市鸣沙山东麓的崖壁上。

从公元366年开凿第一个石窟,后来又经历了近千年十几个朝代的开凿,最终形成了这座世界上规模最庞大、内容最丰富的石窟群。

莫高窟中有无穷的奥秘,自1900年人们发现藏经洞,这座沉睡已久的千年宝库蜚声海内外,吸引了无数人前来探索。穿越千年,莫高窟中留下了几万平方米的绚烂壁画,数千身精美的彩塑,还有内容丰富的经卷文书……不同时代的艺术风尚在这里汇集成斑斓景观,这是一座辉煌灿烂的艺术殿堂,也是一个文明的奇迹。

走进莫高窟,会看到精美的艺术、多彩的民俗风情,也能感受到历史的积淀和文化的厚重。各个时代的生活场景、衣冠服饰、建筑造型、歌舞百戏……世间万象林林总总汇聚于此。

本书,将带领小读者们畅游莫高窟,在精美的手绘插图和娓娓道来的科普文字中,赏艺术、学知识,领略莫高窟的无穷魅力。

图书在版编目(CIP)数据

华彩莫高窟 / 敦煌研究院编;王慧慧著. — 北京:化学工业出版社,2024.2
ISBN 978-7-122-44442-4

Ⅰ.①华… Ⅱ.①敦… ②王… Ⅲ.①敦煌壁画-研究 Ⅳ.①K879.414

中国国家版本馆CIP数据核字(2023)第217513号

责任编辑:张素芳 孙 炜　　装帧设计:尹琳琳
责任校对:边 涛　　插　　画:孙雪松

出版发行:化学工业出版社(北京市东城区青年湖南街13号,邮政编码100011)
印　　装:河北尚唐印刷包装有限公司
889mm×1194mm 1/16 印张6¼ 2024年6月北京第1版第1次印刷

购书咨询:010-64518888　　　　售后服务:010-64518899
网　　址:http://www.cip.com.cn

凡购买本书,如有缺损质量问题,本书销售中心负责调换。

定　　价:79.00元　　　　　　　　　版权所有 违者必究

推荐序

敦煌莫高窟是世界现存规模最大、延续时间最长、内容最丰富、保存最完整的艺术宝库，这里的 735 个洞窟、45000 多平方米壁画、2000 多身彩塑，历经了 10 个朝代的开凿，融汇了东西方文化的结晶，是世界文明长河中的一颗璀璨明珠。

为讲好这一千年文化遗迹的故事，充分展示其独有的艺术魅力和文化价值，让其蕴含的中华优秀传统文化更好地惠及当代社会。敦煌研究院自成立以来，就通过展览的方式让敦煌文化走出去，实现更广泛的文化共享。1994 年还专门成立了负责展览展陈的敦煌石窟保护研究陈列中心，至今已举办各类展览近两百次，范围遍及日本、英国、美国、意大利等 20 多个国家，北京、上海、南京等国内 20 多个城市。

配合展览陈列中心开展有针对性的社会教育工作是从 2008 年开始的，虽起步相对较晚，但经过多年的探索和实践，也走出了一条独具特色的社教之路。目前已开发系列专题课程 35 项，精品课程 14 项。其中《九色鹿的故事》获中国博物馆协会颁发的青少年教育课程优秀教学设计奖，《博物馆之旅·体验的快乐——敦煌彩塑制作技艺体验课程》入选甘肃省博物馆纪念馆社会教育示范项目，《莫高精神——1650 知多少》在首届全国十佳文博社教案例中获优秀案例奖。

但社会教育工作是一项常做常新、永无止境的工作，特别是党的十八大以来，国家将传承中华优秀传统文化，增强中华文化自信，建设社会主义文化强国提升到了新的高度。如何立足敦煌，讲好中国故事、传播好中国声音，把敦煌的美，更广泛地让孩子们看到，为增强国民特别是青少年朋友们的文化自信贡献一份敦煌力量，是时时萦绕的一个问题。近年来，陈列中心在丰富中小学生教育课程体系、共建教育项目库上做出了一些尝试，先后出版过《写给青少年的敦煌故事——敦煌之最》《壁画宝库的旖旎——莫高窟》《莫高窟——璀璨千年的梦里敦煌》等介绍敦煌石窟某类专题内容的读物，受到广泛的社会好评。在此基础上，为了更全面、更系统、更有趣地介绍敦煌，让青少年既能宏观整体地了解敦煌的历史和文化，又能培养起对敦煌文化的兴趣，《敦煌两千年》和《多彩莫高窟》这套书应时而出。

这套书的作者王慧慧毕业于兰州大学敦煌学研究所，在陈列中心工作十余年，有扎实的专业知识，也具备服务青少年的热情和共情力，曾出版过《写给青少年的敦煌故事——敦煌之最》等著作。由她执笔的这套书一改敦煌图书以文字为主的特点，针对青少年阅读的习惯，用孩子喜欢的形式，追求故事性、舒适性、趣味性，深入浅出地讲述敦煌的千年历史、石窟中的壁画与彩塑，图文并茂，全面地将知识传递出来。通过阅读这套书，希望能让孩子们感受到敦煌的魅力，喜欢上敦煌文化。

新书即将付梓，我在欣喜之余，也由衷地感谢我院同仁为传承与弘扬敦煌文化做出的探索与努力。"源浚者流长，根深者叶茂"，弘扬中华优秀传统文化，增强传统文化的生命力和影响力，才能使中华文明经久不衰、更加灿烂！

苏伯民

敦煌研究院院长

目录

沙石之中	1
开窟营造师	2
别有洞天	8
洞窟画妆师	12
沙漠画廊	22
主角登场	36
千面佛影	40
天上宫阙	44
妙音袅袅	46
曼舞翩跹	54
农耕记忆	60
七行八作	62
四会五达	68
盛世风尚	72
百年好事	74
休闲运动	76
童真童趣	82
医疗卫生	84
石窟里的"西游记"	88

沙石之中

　　莫高窟位于敦煌市东南25公里鸣沙山东麓的断崖上,断崖南北近1700米,是由海底上升形成砾石层后经河流下切冲刷塑造而成的峡谷断崖。莫高窟背靠流沙覆盖的鸣沙山,前望重岩层叠的三危山,中间有宕(dàng)泉河水潺潺流过,是一处难得的人间清净之地。自公元366年乐僔(Yuèzūn)开凿第一个洞窟之始,在这里,延续千年叮叮当当的凿击声从未停止。

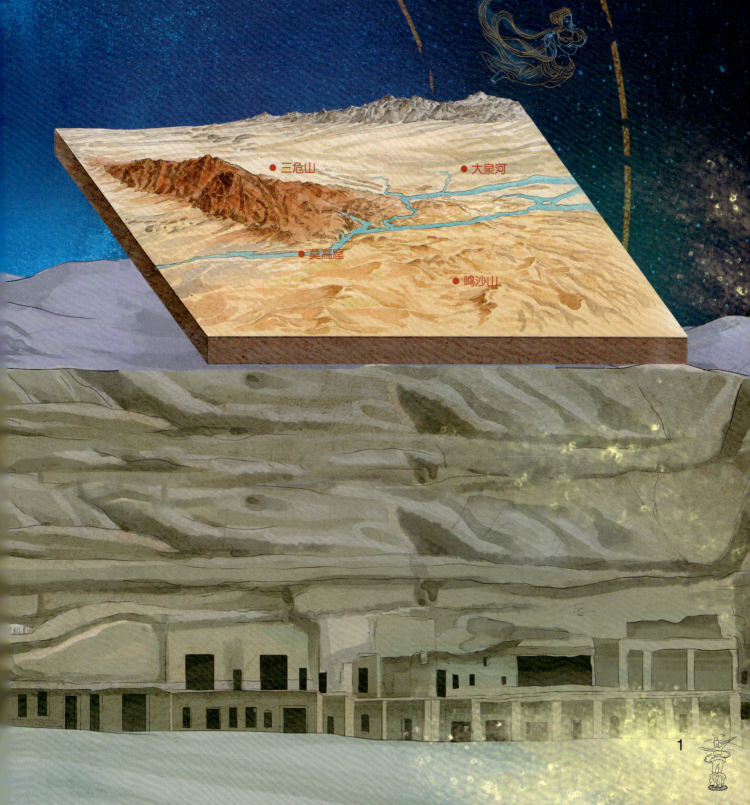

开窟营造师

早春时节，宕泉河的冰雪刚刚消融，鸣沙山东麓的崖壁上就响起了阵阵锤音。原来是一支专业的工匠队受雇主所托，要在密密麻麻的洞窟间，"见缝插针"地营造一个功德窟。

营造洞窟可不是一件容易的事情，程序非常复杂，它需要打窟人、泥匠、灰匠、木匠、塑匠等不同工种的工匠密切配合才能完成。

● 石窟的开凿

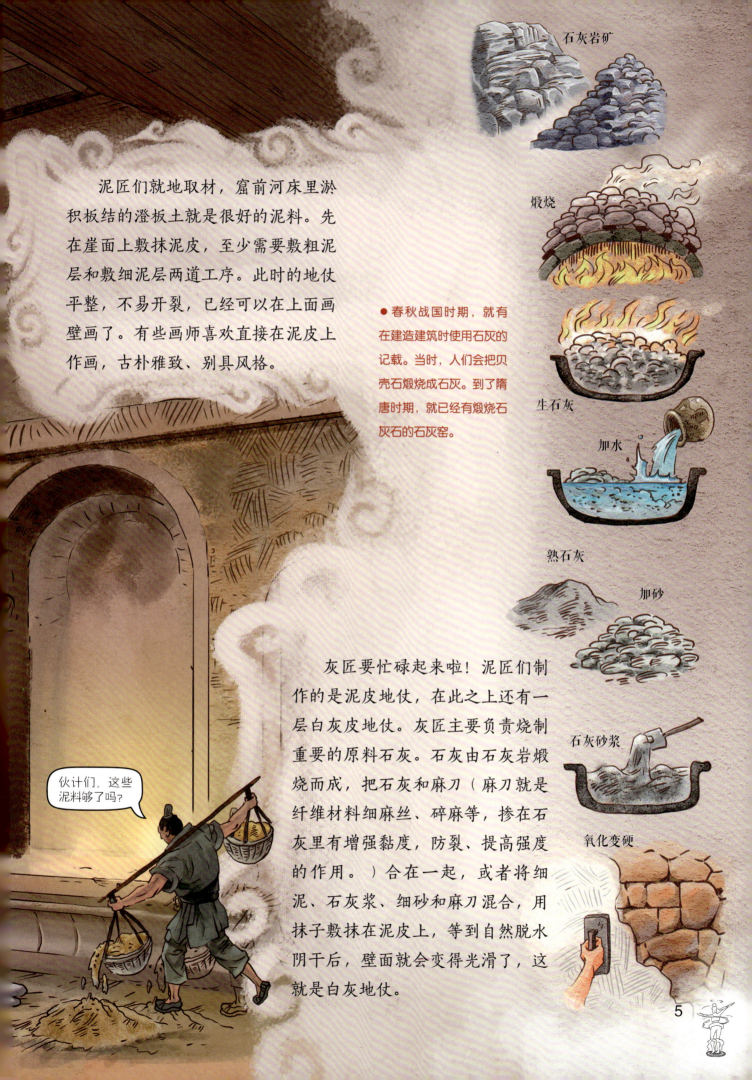

泥匠们就地取材，窟前河床里淤积板结的澄板土就是很好的泥料。先在崖面上敷抹泥皮，至少需要敷粗泥层和敷细泥层两道工序。此时的地仗平整，不易开裂，已经可以在上面画壁画了。有些画师喜欢直接在泥皮上作画，古朴雅致、别具风格。

● 春秋战国时期，就有在建造建筑时使用石灰的记载。当时，人们会把贝壳石煅烧成石灰。到了隋唐时期，就已经有煅烧石灰石的石灰窑。

灰匠要忙碌起来啦！泥匠们制作的是泥皮地仗，在此之上还有一层白灰皮地仗。灰匠主要负责烧制重要的原料石灰。石灰由石灰岩煅烧而成，把石灰和麻刀（麻刀就是纤维材料细麻丝、碎麻等，掺在石灰里有增强黏度、防裂、提高强度的作用。）合在一起，或者将细泥、石灰浆、细砂和麻刀混合，用抹子敷抹在泥皮上，等到自然脱水阴干后，壁面就会变得光滑了，这就是白灰地仗。

伙计们，这些泥料够了吗？

石灰岩矿

煅烧

生石灰

加水

熟石灰

加砂

石灰砂浆

氧化变硬

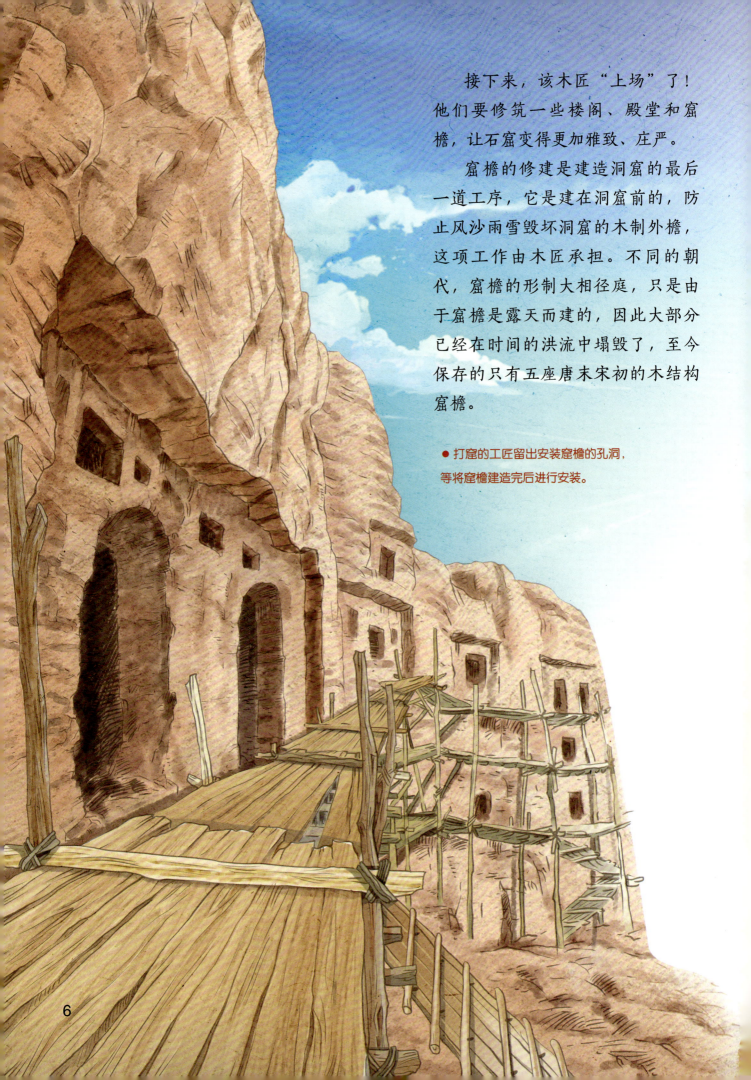

接下来，该木匠"上场"了！他们要修筑一些楼阁、殿堂和窟檐，让石窟变得更加雅致、庄严。

窟檐的修建是建造洞窟的最后一道工序，它是建在洞窟前的，防止风沙雨雪毁坏洞窟的木制外檐，这项工作由木匠承担。不同的朝代，窟檐的形制大相径庭，只是由于窟檐是露天而建的，因此大部分已经在时间的洪流中塌毁了，至今保存的只有五座唐末宋初的木结构窟檐。

● 打窟的工匠留出安装窟檐的孔洞，等将窟檐建造完后进行安装。

建造一座窟檐，需要一位木匠都料、一位木匠博士和几个普通的木匠匠工。窟檐的总体规划设计、计算用料、指挥施工等工作由都料负责。博士则会进行一些细致复杂的工作，普通匠工则进行木构零件的加工和施工。

● 窟檐上也有壁画和泥塑结构，由画匠、塑匠和泥匠共同负责。

一个洞窟的建造，少则一年半载，多则数十年不等，这就要看洞窟有多大，资金情况以及壁画和彩塑有多复杂。例如，大像窟第130窟的建造大约用了二三十年时间。

别有洞天

经过千年的积淀，这些开窟的营造师们给我们留下了各式各样的石窟形制。

● 中心塔柱窟　第254窟为例

中心塔柱窟

因窟内有方形柱而得名，是借用印度支提窟的形式并结合汉式人字披顶而形成的一种窟形。中心柱有四面开龛塑像，也有一面或三面，与佛教徒绕窟巡礼、坐禅观像有关。典型代表有莫高窟第254窟、第248窟、第428窟等，主要集中在早期石窟中。

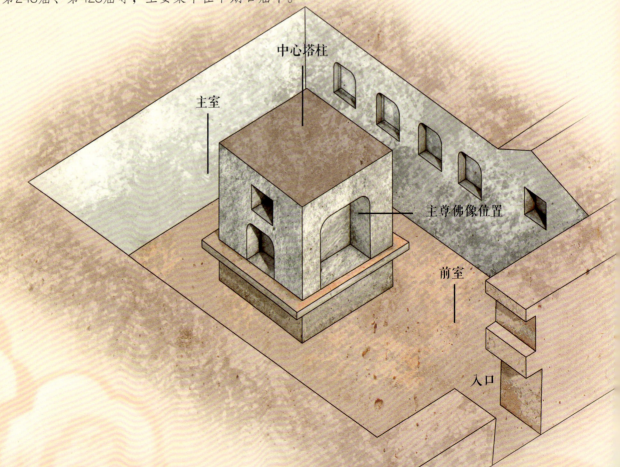

覆斗顶形窟

因窟顶形如覆斗而得名，覆斗意思就是倒扣的斗。这种形制受汉墓形式的影响，窟内多是在正壁开一个佛龛，也有三壁开龛甚至不开龛的。此类窟形在莫高窟最多，是洞窟的主要形制，各朝代都有，以隋唐最多。典型代表有西魏第285窟、初唐第220窟、盛唐第328窟、晚唐第156窟等。

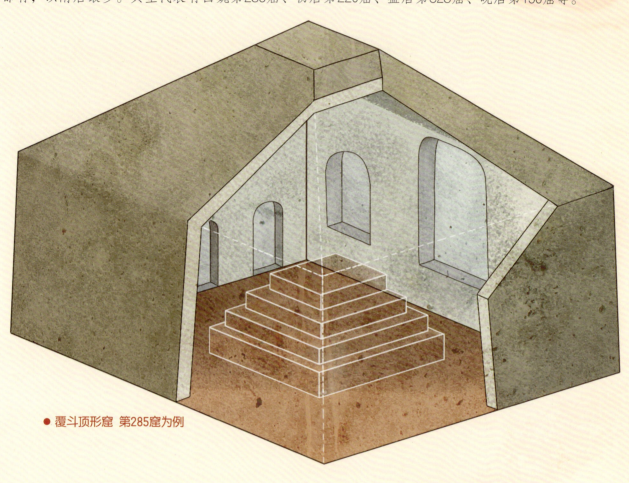

● 覆斗顶形窟　第285窟为例

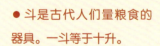

● 斗是古代人们量粮食的器具。一斗等于十升。

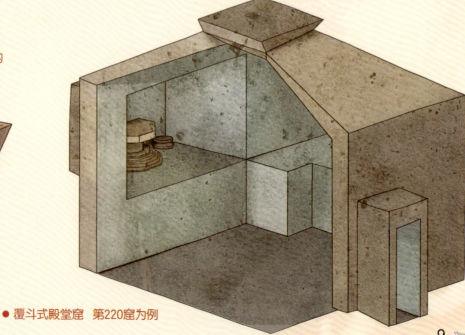

● 覆斗式殿堂窟　第220窟为例

大像窟

来到莫高窟,一定要去看看塑有北大像的第96窟和塑有南大像的第130窟,它们就是典型的大像窟,主室的正壁像台上都立着一尊宏伟的石胎泥塑大像。

● 大像窟 第96窟为例

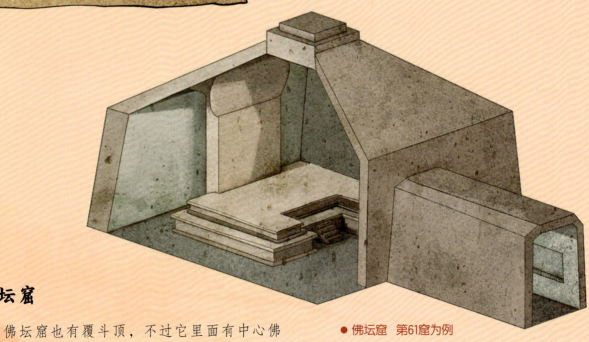

● 佛坛窟 第61窟为例

佛坛窟

佛坛窟也有覆斗顶,不过它里面有中心佛坛,佛坛之上有佛像,大部分佛坛的背屏与窟顶巧妙相连。另外,佛坛窟的规模更大一些,莫高窟第98窟、第61窟等洞窟都是佛坛窟。

涅槃窟

涅槃窟正面，一般有大大的佛床，上面有佛陀涅槃像。莫高窟的涅槃窟只有第148和第158两窟，都是在唐代修造的。

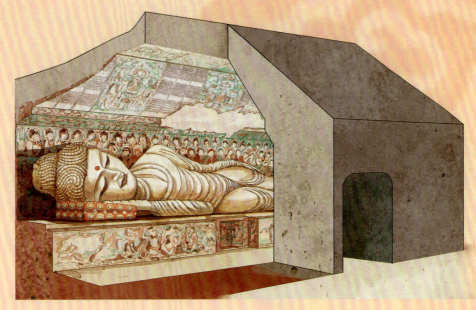

● 涅槃窟　第158窟为例

禅窟

禅窟是供禅僧坐禅修行、礼佛观像的小洞窟，有的在主窟左右两壁，有的单独成窟。

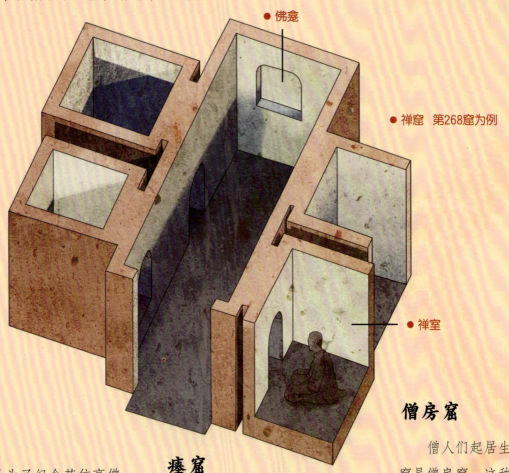

● 佛龛

● 禅窟　第268窟为例

● 禅室

影窟

影窟是为了纪念某位高僧而修建的影室或是某位得道高僧生前修行的禅窟。藏经洞就是洪辩法师的影窟。

瘗窟

瘗（yì）窟是埋葬僧人尸骨的洞窟，有的瘗窟里有棺床，有的瘗窟有随葬品。

僧房窟

僧人们起居生活的洞窟是僧房窟，这种石窟没有具体形制，里面基本没有塑像和壁画，而是有生活所用的灶和炕。

洞窟画妆师

当清晨的第一缕阳光洒向大地，敦煌石窟的画师们在寂静的晨曦中早早醒来。他们穿好衣衫，草草地吃了几口胡饼，便拿起画笔开始了一天的工作……

这些技艺出色的画师有的是西域民间高手，有的是获罪官吏的私人画师，有的是中原绘画大家，还有的是画院的专职画师……他们云集于此，将不同的文化思想带到这里。也许他们最初只是为了谋求生计，但却为后世留下了瑰丽的艺术遗产。

来到昏暗的洞窟，画匠们点上油灯，拿起毛笔和颜料陶碟，在墙壁上挥洒作画。他们手腕悬空，手臂还要持久地保持平稳，就这样画出了极其流畅的线条和精美的壁画。

一个洞窟里的壁画是由几个画师一起完成的，他们可能是团队，也可能是师徒几人。通过师徒相授，他们绘制壁画的手艺在这里代代相传。

不同的级别

　　画师们有不同级别。"都料"的身份地位最高，平时的工作就是规划、设计工程，组织画师劳动，把控工程进展；"博士"是画技水平比较高的工匠，能完成一些难度系数高的绘画任务，就像现在我们所说的"高级技工"；被称为"师"的画匠则本身绘画技术过硬，平日里可能带徒弟，不过地位没有都料和博士高；至于"匠"与"生"指的就是普通的画工了，他们的数量最多，身份地位普遍都比较低。

画师在作画前首先要解决颜料的问题，在化学颜料出现之前，人们会从自然界中寻找天然的颜料。来自群山里的晶石、溪流中的砂金、海洋深处的珊瑚……看似平平无奇的动植物都可能沿着丝绸之路，伴着悠悠驼铃声来到莫高窟，变成画工指尖那最缤纷的一抹色彩。

你这里没有我想要的颜料。

敦煌壁画经常使用的颜料多达几十种。红色的颜料成分有土红、朱砂、铅丹、密陀僧；绿色的颜料成分有氯铜矿、石绿；蓝色的颜料成分有青金石、石青；白色来自滑石、高岭土和云母……像朱砂矿、绿铜矿、云母等天然矿石，都是易得的"本地货"。而类似青金石这种名贵稀有的宝石，则需要从外地"进口"。

在鸣沙山和莫高窟的崖岩砂石中，蕴含丰富的云母矿石。据推测，画工们作画时用到的云母粉，应该就是他们就地取材加工出来的。

● 莫高窟不仅是艺术宝库，也是一座"颜料标本博物馆"。

颜料代表

・矿物颜料：石青、土红、石绿、赭石等，这些颜料不容易变色。

・植物颜料：藤黄、胭脂、花青，用在壁画上年代久的话会变色。

・动物颜料：蛤粉。

● 6000年以前，我们的祖先就已经用有色泥土或矿物来给陶器做彩绘了。

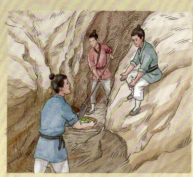
开采矿石

选料、粉碎

用清水磨成色浆，并与植物胶混合

滤清颜料

有些画匠能徒手起稿，他们凭借想象或参考图样在墙壁上勾勒出草图，如果画错了就在上面叠加修改。

有些画匠会用"刺孔法"起稿。他们先在纸质画稿上有轮廓线的地方用针密密地刺上小孔，接着再把画稿暂时固定在墙壁上，然后用包裹着红土的布包沿着刺孔轻拍，红土粉末就透过针孔留在了墙壁上。将纸质画稿取下来后，墙上就留下了由一个个小点组成的线条，沿着这些点勾线，起稿就完成了。

完成了起稿，就可以开始着色了。不同朝代的画师根据各自的审美和时代特征，娴熟地利用不同的技法，为壁画赋彩。

勾定形线是绘制壁画的最后一道工序。为壁画着色后，人物的五官、手足、衣饰等细节的轮廓就有些模糊了，这就需要用墨线勾勒定形，让壁画更加生动传神。

● 在肌肤部位有时也用与肤色接近的赭石或土红色进行勾勒。

妙！又一幅作品出现了。

虽然很多画师的技艺堪比当世名家，可他们的社会地位低下，是不能将名字留在壁画上的。所以，一批又一批杰出的画匠淹没在时间的长河中。我们不知道他们是谁，从哪里来，更不知道他们在阴冷的洞窟中，是怀着怎样的心情完成这一幅幅壮丽的画卷的。

据推测，参与开凿、修建莫高窟的画工、塑匠等多达百万，可在敦煌壁画、经卷中留下真实姓名的还不足10人。

在莫高窟的生活是孤独而清苦的，画师们一日复一日在灯光微弱的洞窟里，用平凡、执着的坚守完成了一幅幅动人心魄的巨作，经由这些壁画，我们仿佛能看到曾经的盛世繁华。

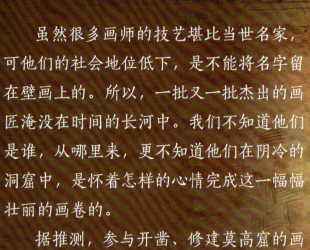

不知道千百年后，还有没有人能看到这些壁画。

洞窟内的壁画会因时代的更迭被重修、重绘。重修时，会在原壁上敷泥进行重绘，这样的壁画叫"重层壁画"。有的洞窟重层有三四层之多。

别动，保持住……

● 在莫高窟第3窟中，人们曾在壁画上发现一行模糊的小字"甘州史小玉笔"。史小玉可能是一位画匠，一千多年前他把自己的名字偷偷留在了壁画上，但这个痕迹也已经慢慢消失了。

如今，有许多现代画师在为莫高窟壁画"续命"。但是需要对要修复的洞窟进行"排队"，"病重"的要先修。壁画最常见的"疾病"有起甲、空鼓和酥碱。有些"病害"的修复非常慢，熟练的技师一天只能修复巴掌大，一个人一年只能修复十几平方米，浮躁和耐不住寂寞的人是很难承担修复工作的。

画上那个人在干什么？

21

沙漠画廊

莫高窟现存洞窟735个，其中有壁画彩塑的洞窟有492个，这些洞窟构成了一座精妙绝伦的艺术长廊。这些壁画题材大致可分为尊像画、故事画、佛教史迹画、经变画、神怪人物、供养人、装饰图案等。透过4.5万平方米的壁画，我们能看到相隔千年的匠人们"同台竞技"，感知激烈又纯粹的艺术火花……

● 第3窟是莫高窟中现存唯一以观音为主题的洞窟，也被称为"观音洞"。

尊像画

尊像画是人们供养礼拜的佛教形象，主要包括佛及菩萨、佛弟子、诸天、护法神等。

● 第57窟素有"美人窟"之称，"住"在这里的菩萨衣着时尚，美而不媚。

● "最美菩萨"身上的宝冠佩饰是用传统工艺"沥粉堆金"画出来的。把混合胶与土粉的颜料装到一种尖端有孔的小管子里，然后按照图案描出隆起的花纹，再在上面涂胶，最后再贴上金、银箔或上色，使得画面华丽且富有立体感。

沥粉

涂胶

贴金

故事画

这些壁画中还有讲故事的故事画,有佛传故事、本生故事和因缘故事。释迦牟尼是许多故事画的主人公,这些壁画主要表现他的生平、救度众生的事迹等。

● 因缘故事画:讲述释迦牟尼佛以因果报应之说,度化众生的故事。

● 莫高窟第285窟的南壁,有一幅《五百强盗成佛》的壁画,讲述了强盗放下屠刀立地成佛的故事。佛经说,古印度摩伽陀国有500个强盗经常拦路抢劫行人。国王派大军进剿,强盗战败被俘。国王开庭审讯,处以残酷刑罚,强盗们被割去了鼻子、耳朵、挖去了双眼,然后放逐山林之中。痛不欲生的强盗们悲哭哀嚎,惊动了佛陀,佛用神力使强盗们身体复原如初,并为他们说法。最后五百强盗都皈依佛门,并最终悟道成佛。

大胆盗匪,快快束手就擒。

▲ 官军与五百强盗激烈交战。

▲ 强盗战败被俘。

● 走进莫高窟第257窟,向西面的墙壁看,上面是《九色鹿王本生图》,讲述了一只九色鹿的故事。

▼ 九色鹿救了坠河的人。

莫告诉别人我的行踪。

▲ 落水人跪谢九色鹿。

我带你们去找九色鹿。

▶ 国王要捕捉九色鹿,落水人为了利益前去告密。

▲ 强盗接受审讯、处刑。

● 处刑后,强盗们被放逐荒野,绝望地哭嚎。佛陀听后用灵药治好了他们,并为他们讲解佛法。强盗们忏悔罪行,苦修佛法,最终成佛。

▲ 官兵们要射杀九色鹿,九色鹿毫不畏惧,它向国王痛斥落水人的忘恩负义,国王听后放九色鹿离开,并不许人们再伤害它。

● 1981年上海美术电影制片厂出品的动画片《九色鹿》就是根据此窟的九色鹿本生故事改编的。

● 本生故事画：讲述释迦牟尼佛在过去世的轮回中，忍辱牺牲，救世救人的故事。

● 此本生讲释迦牟尼前世为萨埵太子时，为救奄奄一息的老虎及嗷嗷待哺的七只幼虎，不惜牺牲自己的生命救世救人的故事，以此来表明释迦牟尼今世之所以成佛的原因。

● 萨埵太子舍身饲虎本生 第254窟

佛教史迹画

佛教传播的历史人物、传说故事，以及佛迹灵验等神奇有趣的故事也被画在了壁画上，这就是佛教史迹画。

● 张骞出使西域 莫高窟第323窟

陛下，您就等微臣的好消息吧。

● 佛传故事画：讲述释迦牟尼佛从降生、出家、悟道、说法直至涅槃等生平事迹的故事。

● 初唐 第329窟 西壁龛顶：夜半逾城（左）、乘象入胎（右），位于佛像火焰纹背光两侧。乘象入胎描写佛祖释迦牟尼降生的故事，是佛传故事画中最具代表性的题材之一。故事讲述了古印度迦毗罗卫国净饭王和王后摩耶夫人多年膝下无子，常为无人继承王位而烦恼。一日，摩耶夫人梦到有菩萨乘白象进入腹中，继而有孕。其后在蓝毗园诞下悉达多，即是佛教的创始人释迦牟尼。

● 这幅壁画展现的是张骞出使寻求佛号的情景。

经变画

敦煌壁画中数量最多的要数经变画了，它以绘画的形式表现着佛经中的故事、内容和哲理，贯穿各个朝代。

在画面中，路旁有一辆卸辕的骆驼车，人畜都在水井边休息。水井东边画的是饮骡马和给骆驼喂药等情节。

● 《福田经变图》局部特写 第296窟窟顶 北周

"福田"是佛教特有的术语，佛教鼓励人们广施善行、积累福德。犹如农夫播种于田亩，是收获的先决条件，积德行善的行为也是在自己的心田中种下善良的种子，时机成熟就会收获好的果报。

两个头戴帕巾的北周商人并骑押着驼队正在过桥；桥的另一面迎来一个高鼻深目的西方商人，牵着载重的双峰骆驼，领着商队与北周商人在桥头相遇，十分生动地反映了丝绸之路上东西交往的情景。

- "经变"意为佛经的"变相"。广义而言，凡依佛经绘制之图画均可称为"经变"；狭义而言，指将某部佛经的内容变为首尾相衔，情节完备的鸿篇巨制。

- 莫高窟 第156窟 晚唐 报恩经变中的舞乐

观音济难

在佛教信仰中，观音菩萨可以帮助人们脱离苦难，莫高窟的壁画上就有许多观音菩萨救苦救难的画面：山林中遇盗的胡商，或是波涛中行驶的海船……观音便会化作各种身份前往救助。

● 观音解愚痴

● 观音救推落火坑难

● 观音救云雷雹雨难

● 观音现大将军身

● 观音救枷锁难

神怪人物画

中国古代传说里的各路神仙也是莫高窟壁画中不可或缺的角色。西王母、伏羲、女娲，以及风雨雷电四神都能在壁画上找到踪迹。

● 女娲和伏羲手里拿的分别是"规"和"矩"

● 雷公

● 风神

● 电神

● 雨师

装饰图案画

洞窟中的装饰图案主要包括石窟建筑装饰（窟顶藻井、平棋、人字披、地面花砖等）；壁画装饰（壁画的边饰、人物服饰、建筑和器物装饰等）；以及塑像服饰和佛背光装饰。装饰图案随时代而异，主要有花草、莲荷、枝叶、蔓藤、果实、火焰、星辰、云气、狮虎、飞马、盘龙、鸟禽以及飞天、化生童子。

● 西夏 榆林窟 第2窟 华盖

● 中唐 西千佛洞 第3窟 华盖

● 五代 第220窟 华盖

● 晚唐 第196窟 华盖

● 北周 藻井纹样

● 西魏 藻井纹样

● 隋 藻井纹样

● 初唐 藻井纹样

● 晚唐 藻井纹样

● 宋代 藻井纹样

供养人

　　供养人是指奉献自己的资产，建造洞窟的人，他们的形象往往被绘制在洞窟里并配有榜题。这些人里既有王公大臣、地方官吏，又有贵族夫人、寺院僧侣，也有戍边将士、无名百姓……包含供养人画像的洞窟有281个，涵盖了11个朝代。

● 西魏人供养像

● 回鹘（hú）供养像

● 于阗（tián）国王李圣天供养像

● 回鹘公主供养像

● 隋代男供养像

● 初唐供养人像

● 供养人题记以及衣饰妆容等内容，为后人提供了大量当时社会生活的资料。

● 新妇娘子供养像

● 都督夫人太原王氏礼佛图

● 晚唐供养人手奉香花

● 五代曹元忠供养像　　● 元蒙古族女供养像

主角登场

莫高窟里有大大小小2400余尊彩塑造像,它们个个线条优美流畅,神采飞扬,恍若在与我们隔空相望,娓娓倾诉千百年来发生在这片山崖上的沧桑往事……

● 莫高窟中的彩塑包括释迦牟尼、弥勒、观音、天王、力士及弟子等各类神像。

骨架是彩塑的灵魂。塑匠们通常会根据泥塑的大小，决定采用木架或石胎的哪一种形式做彩塑的骨架结构。

木架

红柳在敦煌一带随处可见，简单易得。它的根茎枝干弯折曲回，用作塑像的躯干骨架既自然又别致。此外，红柳的枝条还非常强韧，可弯曲，可烘烤，是制作塑像手指、飘带骨架的不二之选。这就是木架结构，适合制作中型彩塑。

石胎

如果用木制骨架做大型泥塑，时间久了容易损坏。所以工匠们会在开凿洞窟时就预留出塑像用的石胎。石胎多适用于大型彩塑。

摆个啥造型呢？

木胎

● 骨架　　● 扎芯　　● 上泥

要想打造出完美的彩塑，泥的品质同样至关重要。工匠们会精心挑选当地的澄板土做制泥材料，同时加入适量黄沙、棉花或麦秸等植物纤维，掺水和制。

塑造

"塑造"是制作彩塑过程中最烦琐的一环，十分考验工匠的技术水平。怎样把握造型，准确塑造是重中之重。

1. 上泥：用加入麦秸的粗泥一层一层地塑出大致形态。
2. 塑形：以加入棉花的细泥或粗细相间的麻刀，层层塑形。
3. 收光：最后在表面涂抹薄薄的细泥，在阴干过程中用塑刀压实、收光。

● 制泥　　● 上泥　　这可是上等的棉花。

● 塑形　　●收光　　●敷彩

● 在上泥和塑形的过程中,不要操之过急,需要等水分蒸发到七成时再加下一层泥。另外,加泥时也不要加得过厚或过于光滑。

就快大功告成了!

敷彩完成了,您瞧瞧咋样。

● 塑形、收光

千面佛影

佛像庄严、菩萨慈悲、弟子虔诚、天王威武、金刚怒目、僧人冥思……敦煌石窟里的万千神佛有着变化万千的神情姿态，丰富的喜怒哀乐。时光流转，四季更迭，三危山的样子变了又变，可震撼人心的敦煌佛影却始终定格在最美好的瞬间，默默惊艳了千年。

我必一生行善……

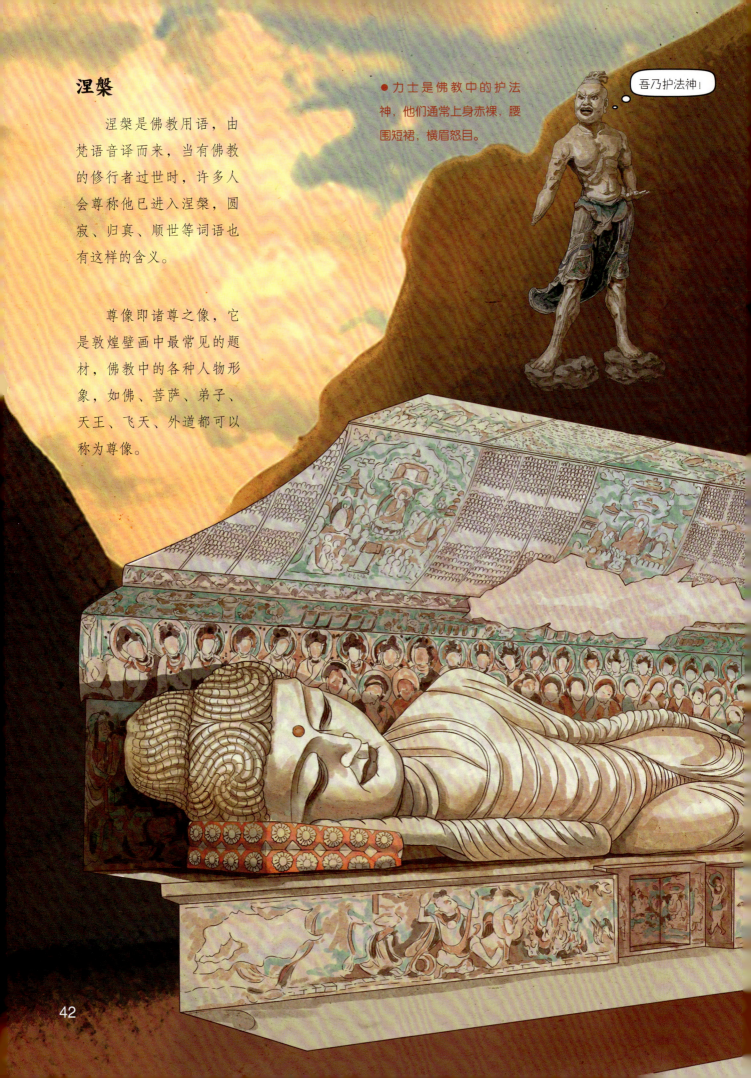

涅槃

涅槃是佛教用语,由梵语音译而来,当有佛教的修行者过世时,许多人会尊称他已进入涅槃,圆寂、归真、顺世等词语也有这样的含义。

尊像即诸尊之像,它是敦煌壁画中最常见的题材,佛教中的各种人物形象,如佛、菩萨、弟子、天王、飞天、外道都可以称为尊像。

● 力士是佛教中的护法神,他们通常上身赤裸,腰围短裙,横眉怒目。

吾乃护法神!

● 供养天女

● 禅定佛

● 胁侍菩萨

43

天上宫阙

鸣沙山的崖壁上、大大小小的石窟后、精妙绝伦的壁画上，描绘着美轮美奂的极乐世界，那里是人们心目中的天上宫阙，是对美好世界的向往与期待。画匠们借用人间最美好的景象，构筑出了美妙的天国图景：含笑自如的菩萨，婀娜多姿的仙女，漫天花雨，天乐常鸣，黄金铺地，处处亭台楼阁，没有痛苦只有欢乐……

- 在莫高窟的许多经变画中，都描绘了佛国净土的美妙庄严。

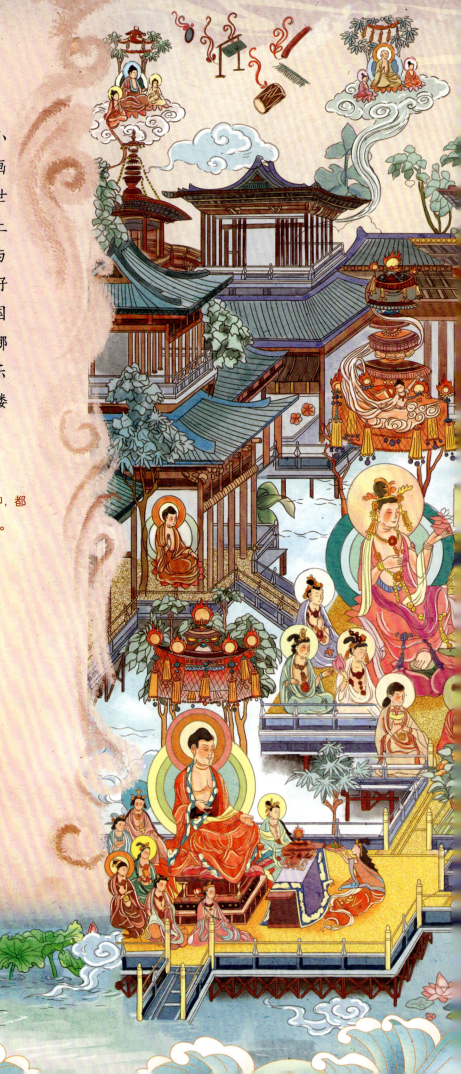

佛国世界，乐器不鼓自鸣。

妙音袅袅

飞天横抱琵琶，以乐会友；乐伎（jì）撩动丝弦，用袅袅筝音净化心灵；舞伎伴随欢快的鼓点，脚步轻旋……莫高窟的千年壁画里，藏着一个极为壮观的音乐世界。它能让我们看到往昔丝竹绕梁的盛景，感知音乐与佛法同频共振的浪漫。

第148窟 横笛（盛唐）

第159窟 义嘴笛（中唐）

第220窟 竖笛（初唐）

第201窟 筚篥（bìlì，中唐）

第112窟 排箫（中唐）

第156窟 角(晚唐)

第112窟 贝(中唐)

第220窟 埙(xūn,中唐)

第156窟 笙(晚唐)

47

五弦琵琶和四弦琵琶

阮

● 阮得名于竹林七贤之一——阮咸，一般常与琵琶组合出现。

葫芦琴　　箜篌（kōnghóu）

第148窟 琵琶（盛唐）

第202窟 琵琶（初唐）

第176窟 琵琶（盛唐）

细腰鼓

羯（jié）鼓

都昙（tán）鼓

鸡娄鼓

鼗（táo）鼓

● 在唐代，方响非常有"群众基础"，诗人杜牧、才子钱起都曾专门作诗赞美它。

方响

曼舞翩跹

在胡姬的酒肆中,叫好声一浪高过一浪,身穿罗衣的异域舞伎翩翩起舞,节奏明快、舞姿奔放,疾速旋转间衣带飞扬,这是风靡大唐的胡旋舞。大唐是歌舞的盛世,上至帝侯王妃下至黎民百姓都是歌舞"发烧友",异域歌舞和中原乐舞在这里交融碰撞。

反弹琵琶

将琵琶高举过头顶,这不仅是顶尖的技巧,也是绝妙的舞姿。有些琵琶专家认为琵琶无法做到反弹,此处琵琶应为舞蹈道具,反弹琵琶舞姿。

来自远方的舞蹈

西域粟(sù)特人擅长舞蹈,胡旋舞就是由他们带到中原的。除了胡旋舞,胡腾舞、柘枝舞都是大唐盛行的异域舞蹈。

千里之外,舞伎的身影也出现在了莫高窟的壁画中,她们伴随仙乐婆娑(Pósuō)起舞,一举足一顿地摇曳生姿,好像下一刻就会从壁画上一跃而下,舞动起来。

在莫高窟里,乐舞的元素几乎处处可见,既有一千六百多岁的"老舞者",也有近六百岁的"年轻人",这里如同一个歌舞博物馆,记录着世世代代的舞姿和蕴含其中的历史。

安禄山和胡旋舞

安禄山是"安史之乱"的始作俑者,正是这场战乱让大唐帝国由盛转衰。据史料记载,安禄山的体重有三百五十斤,挺着大肚子,但他却是个胡旋舞高手,他还因此赢得了唐明皇和杨贵妃的青睐。

谁说胖子不能跳舞!

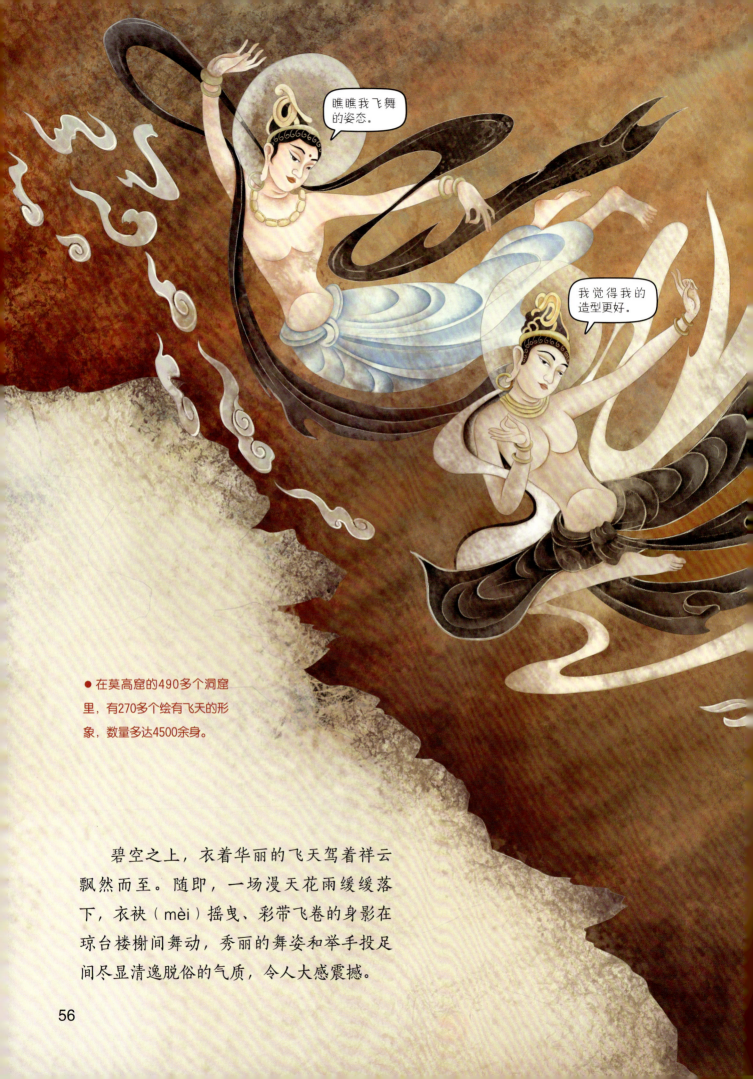

● 在莫高窟的490多个洞窟里，有270多个绘有飞天的形象，数量多达4500余身。

碧空之上，衣着华丽的飞天驾着祥云飘然而至。随即，一场漫天花雨缓缓落下，衣袂（mèi）摇曳、彩带飞卷的身影在琼台楼榭间舞动，秀丽的舞姿和举手投足间尽显清逸脱俗的气质，令人大感震撼。

飞天

飞天也叫"香音神",是乾达婆与紧那罗的化身,他们一个善歌,一个善舞,形影不离,是神话中恩爱的夫妻。后来,他们逐渐融为一体,变成了既能演奏乐器,又能载歌载舞的飞天。

飞天主要职责是散花、施香以及吹拉弹唱,为肃穆的佛国世界营造欢乐祥和的气氛。

● 北凉飞天 第268窟

● 北魏飞天 第435窟

● 盛唐飞天 第172窟

● 中唐飞天 榆林25窟

在敦煌壁画的佛国世界里，演奏乐舞的不仅有天人，还有神鸟。

来到莫高窟第156窟，你会看到一幅特别的壁画，壁画上人首鸟身的就是神鸟迦陵频伽，又叫美音鸟。它们不仅会跳舞，还能演奏乐器。瞧！壁画中，长着彩色羽毛的迦陵频伽正在翩然起舞。

金嗓子

传说，迦陵频伽的家乡在雪山，破壳而出后就能鸣叫，歌声动听，犹如仙音。莫高窟中的很多壁画中，都有迦陵频伽的身影。

● 迦陵频伽伎乐 莫高窟 第156窟

在莫高窟的舞蹈表演中,不仅有天宫乐舞,还有世俗乐舞。

世俗乐舞表现的是社会生活中真实存在的歌舞场景。莫高窟第156窟的北壁上,有一幅《宋国河北郡太夫人宋氏出行图》。在壁画中,几个女子相对起舞,她们长袖飘舞、姿态优雅。乐队中的六人手持各种乐器,倾情伴奏。

世俗乐舞

在莫高窟的壁画中,有许多生活气息浓厚的世俗乐舞,比如宴饮中的乐舞和婚宴上的乐舞和出行时的乐舞,体现了当时诗人的生活情趣和精神风貌。

农耕记忆

田间地头耕种忙，这样的场景贯穿于中华民族每个人的记忆当中。从以前到现在，农耕都是人们生活不可或缺的一部分。在敦煌壁画的"农忙图"中，农人们有的策鞭赶牛，有的埋头劳作，有的在庭院中打场，一片繁忙的景象。

"轰隆隆——轰隆隆——"电闪雷鸣，雨水哗啦。正是农忙时，春雨滋养百谷，农夫们头戴斗笠，冒着雨在田间耕作。

● 在古代，牛是农人们耕地的好帮手。所以，随意杀牛、吃牛肉是违法的。

● 雨中耕种 莫高窟 第23窟北壁

● 农耕收获 榆林窟 第20窟南壁

七行八作

敦煌的商业、手工业曾十分发达，敦煌的壁画便将这些场景记录了下来。

热火朝天打铁时

"当——当——"铁匠们正在打铁。瞧，鼓风手一手拉风箱，一手添柴火，生铁经过高温的淬砺，更容易锻打。另一边，两个铁匠抡着大锤在铁砧子上锻打着，你一下，我一下，重锤落到生铁上，叮当作响之声不绝于耳。

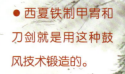

● 西夏铁制甲胄和刀剑就是用这种鼓风技术锻造的。

用这块铁给张老三打把刀。

一起做陶器

制陶师正在制作陶器，这是一项细致的工作。制陶的原料是泥土，制陶师们转动陶轮，陶器渐渐地在他们手中成型。

咱们数一、二、三……

● 我国使用木风箱鼓风进行冶炼，比欧洲早500~600年。

● 图上的制陶师用的工具是陶轮，就是用于捏制陶器的转盘，制陶师用脚操纵圆轮转动。

● 风箱与冶铁 榆林窟 第3窟

● 制陶 莫高窟 第454窟

酿酒

魏晋时期，敦煌的酒就名声在外了，高档的有麦酒和葡萄酒，普通的有粟酒和青稞酒。那么，这样的酒是如何酿造的呢？榆林窟第3窟的蒸馏酿酒图可以告诉你答案。

两个妇人正用塔式蒸馏器酿酒。一个妇人蹲在灶前，往火中添柴；另一个妇人手拿酒杯站在旁边，似乎刚品尝过新酿的美酒。

● 唐朝时期，人们就已经利用蒸馏技术制作烧酒了，这种技术提高了酒的浓度。

● 蒸馏酿酒图 榆林窟 第3窟

古人喝的酒有发酵酒和蒸馏酒，发酵酒用的是大米和黍米等粮食酿造而成的。酒中有很多杂质，也被称为"浊酒""绿蚁酒"。这种酒卖相不好，人们又通过过滤，让酒变得清亮、透明，这就成了清酒。

浊酒和清酒的度数都不太高，所以当初"斗酒诗百篇"的李白的酒量也许并没有想象中那么好。

- 如果这是在海边，真怀疑能不能捕上鱼来。

- 除了正常的捕鱼季，在我国一些地区还保留"冬捕"这种传统的渔业生产方式，吉林省松原市的"查干湖冬捕"还被列入国家级非物质文化遗产名录。

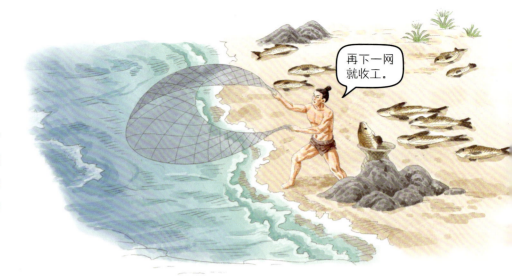

再下一网就收工。

- 鹰拥有高超的狩猎本领，一些猎人会驯化苍鹰，帮自己捕猎。

狩猎

几个猎人正打算进山狩猎，有的人带着猎鹰，有的人拉着猎犬，他们背着弓箭，拿着斧头，士气十分高昂。

看我大显身手吧。

今天你要好好表现啊。

- 撒网捕鱼 莫高窟 第296窟

- 出猎图 莫高窟 第85窟

64

建房子

　　炎炎夏日,工匠们正忙着建造房屋。他们打着赤膊,有的在下面用抹子往墙上抹泥,有的在屋顶铺砖,大家分工明确,看样子房子很快就要建好了。

● 建造房屋 莫高窟 第321窟

● 在佛教中,修建佛塔、绘制佛画是一件大功德。在敦煌壁画上,有许多修建佛塔的内容。

肉市一角

肉肆之中，肉贩正在忙碌。突然，一条野狗跑过来，贪婪地看着摊上的肉。肉贩见了怒目呵斥。

客官，买肉吗？

又来偷肉！

客栈酒肆

敦煌盛行饮酒，酒肆更是少不了。有花树环抱的露天酒肆，有布幕帐篷搭成的帐篷酒肆，有装修豪华的亭台酒肆。人们推杯换盏，开怀畅饮。

你在长安还好吗？

我现在是正宗"长漂"。

● 帐篷酒肆更加"接地气"，人们可以零散地卖酒，因此也叫"散酒店"。

这一家小客栈，可以供旅人休憩歇脚，屋前只用篱笆围栏隔开，院里还有喂牲口的木槽。一人背着包袱向客栈走来，像是准备投宿。

● 肉肆图 莫高窟 第85窟

● 客栈 莫高窟 第61窟

● 帐篷酒肆 莫高窟 第12窟

四会五达

千百年前，敦煌的商旅们出行会搭乘哪些交通工具呢？不如到敦煌石窟里寻找答案，看古人如何"说走就走"。

最初，人们用牛车运输重物。后来，牛车成了流行的交通工具，贵族们也爱上了乘牛车，于是它变得越来越豪华。

王公贵族们出行时可以选择乘坐肩舆，包括四人抬、六人抬、八人抬等，不同的规格代表着不同的等级。

驴的耐力好，还省草料，在丝路之上的贸易往来中，驴也是重要的交通工具。

● 乘牛车 莫高窟 第61窟

● 八抬屋式肩舆 莫高窟 第85窟

● 用驴运输 莫高窟 第45窟

骆驼是丝绸之路上的商旅们最忠实的伙伴，人们穿越戈壁沙漠，可少不了骆驼的帮忙。

咱们今晚怕是要露宿了。

在古代社会中，马既是交通工具，也是军事资源。人们出行，可以骑马，也可以坐马车。马车的规格和样式也是琳琅满目，有普通的套卸马车，也有豪华的四驾马车。

● 驼运 莫高窟 第61窟

● 马车 莫高窟 第257窟

各种各样的船

敦煌地处戈壁沙漠，没什么水路运输，但不妨碍人们把水上交通工具记录下来。

● 独木舟

● 摇橹帆船

● 双头双尾芦篷船

● 独木舟 莫高窟 第296窟

● 摇橹帆船 莫高窟 第323窟

● 双头双尾芦篷船 榆林窟 第38窟

● 纤夫拉船

● 豪华双尾楼帆船

● 别具特色的双尾船

● 纤夫拉船 莫高窟 第323窟

● 双尾楼帆船 莫高窟 第468窟

● 双尾船 榆林窟 第3窟

盛世风尚

如果不来莫高窟,你可能永远也不知道古人有多时尚。金玉珠翠的配饰、经典流行的穿搭,即使过去了上千年,如今看来依旧好看。

古代女子把头发梳成各式发髻,再装扮上各种配饰。

华美的步摇在行走间轻轻摇摆,优雅而灵动;花树钗造型多样,配上不同的发髻,别有一番风味;漂亮的梳篦不仅能梳理头发,也能当作头饰,这种装扮在唐朝十分流行;若是不爱那些金玉珠翠,那不如给发间簪一朵鲜花,更平添一分优雅、自然。

耳朵上的配饰也不少,从简单的耳环到繁复的耳坠,就连壁画上的菩萨大多都穿耳戴环。

戴在手腕上的环形装饰称为"钏",也就是手镯。它不仅能戴在手腕上,还能装饰手臂,这就是臂钏。

● 簪钗上坠有垂饰,能达到"步动则摇"的效果,这就是步摇。佩戴步摇时,女孩们不能乱跑乱跳,步摇乱晃,可就不优雅了。

我这身是今年最新的花色。

● 丸子头、碎花裙,真是满满的少女感。

● 曹氏家族女供养人 莫高窟 第98窟

● 女童 莫高窟 第144窟

● 佛母摩耶夫人 莫高窟 第280窟

女人社

　　有了漂亮的衣服配饰，还要有精彩的生活。女人们可以加入女人社，与社员们一起搞社交活动，大家一起礼佛、互助，还会聚餐、饮酒、嬉戏。

　　行有行规，社有社规，女人社也不例外。加入女人社，要遵守社条，否则会受到处罚。值得一提的是，女人社并不是由首领说了算的，反而十分民主，遇事儿大家商量。她们的事迹被记录在莫高窟的藏书之中。

● 喇叭袖上衣打底，外穿一条包臀长裙，充满了女性魅力。

好啊，我来备上一壶好酒。

赶明儿叫上姐妹们小聚一番。

● 原来，唐朝就有了背带裤！

喇叭袖、碎花裙、长披肩……经典的款式和高级的配色，至今看来依旧时尚。

● 童子 莫高窟 第148窟

● 女供养人 莫高窟 第130窟

● 都督夫人礼佛图 莫高窟 第130窟

百年好事

想观看一场一千多年前的婚礼吗?我们无法穿越,但莫高窟的壁画却活灵活现地描绘出了千年前婚礼的盛大场景。

大婚当日,主人家大摆筵席。宽敞的庭院中用帷幕搭成帐篷,帐内有一张长桌,男女宾客相对而坐。

帐前,婚礼正进行到重要环节,新郎五体投地,行跪拜礼,新娘一身盛装,站在一旁屈膝欠身,作揖行礼。礼成之后,二人就正式结为夫妻了。

● 古代的聘娶婚必须履行的六个步骤:纳采、问名、纳吉、纳征、请期、亲迎,也就是六礼。

成亲了,还有点儿紧张。

婚礼上当然少不了乐舞助兴,舞者伴着音乐翩然起舞,可以单人独舞,也能双人共舞。这是婚礼上最欢快的场面,引得宾客连连叫好。

古代婚礼多在晚上举行,故曰"结婚","婚"原指黄昏。莫高窟第85窟保留的唯一一幅火把迎亲图,展示了黄昏迎亲的场面。看这火把,是不是有奥运会火炬的意思。

● 婚嫁图 莫高窟 第12窟南壁 晚唐

● 在敦煌的壁画中,保存着四十六幅婚嫁图。榆林窟 第38窟

● 火把迎亲 莫高窟 第85窟

拜堂礼成之后，新婚夫妇一起进入青庐，举行"同牢盘，合卺（jǐn）杯"的仪式。夫妻俩吃同一份菜，喝同一瓠（hú）酒，从今以后共同生活、同甘共苦。

● 合卺就是新婚夫妇共饮一杯酒。喝酒的酒器比较特别——将一个干葫芦剖分为二。卺就是半边瓢，新婚夫妇各执一片而饮。

● 婚礼奠雁是春秋以来的传统，"奠"是敬献之意。一般拜堂完毕后，新郎即把预先用红绸裹头、用彩色线缚嘴的一对大雁抛进新娘所在的屏障内，最后再赎回放生。雁为候鸟，逐寒暑，不失时，不失节，以喻男女信守不渝，家庭和睦。

● 青庐是一种微型穹庐，又称"百子帐"。汉朝的婚礼上就有青庐了，汉乐府诗歌《孔雀东南飞》中就有"其日牛马嘶，新妇入青庐"的诗句。

● 奠雁

● 百子帐 莫高窟 第454窟

休闲运动

忙忙碌碌的工作之余，古人们也会找些"乐子"调剂生活。我们不妨借由敦煌壁画，感受一下千百年前人们的生活情趣。

没事儿聚个餐

三五好友聚在一起推杯换盏，闲聊笑闹，从古至今都是人生乐事。莫高窟第98窟的壁画上，就展现了五个男子围坐在酒桌前，一边谈笑，一边欣赏舞蹈的场景，气氛十分融洽。

投壶，投中者胜

春秋战国时期的宴会上，有一项热门游戏——投壶。站在离壶一定的位置，把箭投向壶中，投中多的就是胜者。这个游戏流传千年，也被记录到了敦煌壁画上。

● 投壶最初是从"六艺"中的"射礼"演变而来的，宴会上自然不能随时射箭，所以就用投壶代替了。

● 聚餐 莫高窟 第98窟

● 投壶 莫高窟 第9窟

看杂技

风和日丽,清风徐来,这里正在表演精彩的杂技,快过去看一看。瞧!那个演员单脚站在杆子上,这在唐代被称为"橦(tóng)技"。演出需要精湛的技艺,也要万分小心,毕竟古代可没有威亚(保护演员、运动员的装置,用结实绳索或细钢丝制成)。

看了如此精彩的杂技表演,别忘了给他们叫个好。

● 百戏就是古代乐舞杂技表演的总称。早在先秦时期,就有供人娱乐的百戏了。

● 杂技 莫高窟 第61窟

● 杂技可以分为耍弄技、顶举技、悬吊技、平衡技、驾骑技、柔体技和模仿技等。

你来我往，"棋"乐无穷

下棋，是古代文艺青年们津津乐道的博弈游戏。端坐棋盘两端，你来我往，拼的就是智慧与心态。

● 围棋在古代称为"弈"，距今约有4000多年的历史了，传说是帝尧所造。《论语》中也提到了围棋游戏，称为"博弈"。

登山去

山川美景令人向往，闲暇时刻，带着家人，约着好友，顺着蜿蜒的山道一路向上，享受自然的幽静与闲适。从古至今，登山的乐趣都让人沉醉其中。

● 博弈 莫高窟 第454窟

● 官人骑马登山 莫高窟 第61窟

游泳的乐趣

夏天，待在水里才是最舒服的。任他是仰泳、潜泳还是自由泳，尽情地戏水才是最畅快的。

当然，玩儿水也要注意安全哟。

这么小的池子你们游得开吗？

大热天的泡什么温泉啊。

泡个澡

泡澡可不是现代人才有的享受，古人们就会修建温室浴池。闲暇之时，沐浴在暖暖的浴汤中，浑身舒展，真是令人身心愉悦。

● 游泳 莫高窟 第257窟

● 泡澡 莫高窟 第302窟

举钟，举重

在奥运会上，我国的体育健儿总能在举重项目上获得优异成绩。其实，这可是咱们的传统项目。相传，孔子的父亲叔梁纥（hé）就是一位举重大力士。大力士们会举起各种重物展现自己的力量。瞧，壁画上的这个人只用单手就举起了一口钟！

步打球

瞧这个孩子，手拿一根弯头球杖，正要击打一颗圆球，这个运动叫步打球，看样子还真像现代的曲棍球呀。

项羽力能扛鼎，我也能。

我要苦练球技，超过隔壁王小二。

● 步打球起源于唐代，除了不骑马，跟马球运动大体相似。

● 武则天时期开展的武举考试中，举重也是项目之一呢。

● 举重 莫高窟 第61窟 五代

● 步打球 榆林窟 第15窟 宋

摔跤

摔跤是一项历史悠久的体育运动，春秋时期名叫角抵。莫高窟第290窟的壁画中就展现了一场紧张的摔跤比赛。

> 摔跤的都梳这发型吗？

> 我还能坚持……

体操

倒立是现代体操运动中的基础动作，考验身体的平衡、协调能力。瞧这个唐朝的小胖墩，就正在表演倒立呢。

● 摔跤 莫高窟 第290窟

● 倒立 莫高窟 第79窟

童真童趣

调皮捣蛋、嬉戏玩闹，几百至几千年前，孩子们的快乐就这么简单。在敦煌壁画上，就生动地展示着古代幼童玩耍嬉闹的趣味场景。

● 据统计，莫高窟中有儿童形象的洞窟有180多个。

你相信吗？唐朝就有敞篷婴儿车了。在莫高窟第156窟中的壁画上，一位母亲正推着四轮婴儿车，这种车在唐代被称为"栏车"。

看！这四个胖乎乎的孩子正在田间堆沙子。原来，古代和现代的孩子都爱玩泥巴、堆沙子这样的游戏。

● 推婴儿车 莫高窟 第156窟

● 聚沙为戏 莫高窟 第23窟

童年生活不可或缺的当然是学生时光了,古代的孩子们也是如此。调皮捣蛋的孩子们免不了遭受先生的责罚。看到壁画上受罚的孩子,还真是似曾相识呢。

"我以后不敢了……"

"郎骑竹马来,绕床弄青梅。"李白诗中的场景出现在了莫高窟的壁画上。看,这个身穿花袍的小童,正骑着竹竿"策马奔腾"呢。

"我这枝花是'花王'。"

"骑大马咯!"

野外的花开了!下了学堂,孩子们呼朋引伴去采花。他们自在地奔跑着,欢快的气氛简直溢出了壁画。

群童采花 莫高窟 第112窟　　●责罚学生 莫高窟 第468窟　　●童子骑竹马 莫高窟 第9窟

医疗卫生

回溯时光,医学是最早诞生的学问之一,从人类还在茹毛饮血时就存在了。医学在时光中走了几千年,在敦煌的壁画上也留下了痕迹。

● 唐代把医务人员分为师、工、生三级,生是"生员"的意思,相当于见习大夫。

医者肖像

在敦煌的壁画中,与医学有关的内容有近百幅之多,其中有不少医者行医救人的场景。

> 莫急,莫急,有老夫在。

> 好好的怎么就病了呢?

在一座深宅大院中,一个妇人端坐在胡床上,怀里抱着婴儿。孩子生了病,家里人十分心焦。医者正由一名侍女带领着向这边走来,他手挂拐杖,身后还跟着手托药箱的助手。

● 医师出诊 莫高窟 第217窟

卫生保健

生病了就要看医生,而没有生病时就要预防疾病找上门。其实,早在夏商时代,我们的祖先就有了良好的卫生保健习惯。快来看一看,壁画里的人们是如何讲究卫生、锻炼身体的。

保持身体干净清洁,可以预防很多疾病。瞧,这人弯腰低头把脑袋扎进水里,洗头的姿势很是豪迈。

在发明牙刷之前,人们往往用手指、树枝来清洁牙齿。先把树枝的一端放入口中嚼碎,用嚼成纤维状的一端轻轻地摩擦牙齿、刮除舌垢。这样的"树枝牙刷"被称作"齿木""杨枝"。

● 中国重视口腔清洁的习俗由来已久,早在西周王朝的《礼记》之中,就有关于刷牙的记载。起初,人们用盐水漱口,后来又用手指蘸着青盐擦拭牙齿,这就是"揩齿"。后来,又出现了齿木,到了唐代还出现了最早的牙刷。

● 洗头图 莫高窟 第146窟

● 洁齿图 莫高窟 第290窟

茅厕房顶也该打扫打扫了。

这是一幅"有味道的壁画",画师用写实的技法画出了当时的厕所。看来,古人们也很注重卫生呀。

人剑合一!

除了讲卫生,养生运动也十分重要。

在莫高窟第61窟的壁画上,一个人正在舞剑,姿态潇洒,能够修身养性、强身健体。

敦煌藏经洞中收藏的《食疗本草》中,记录了肉、水果和蔬菜等既好吃又养身的食物。

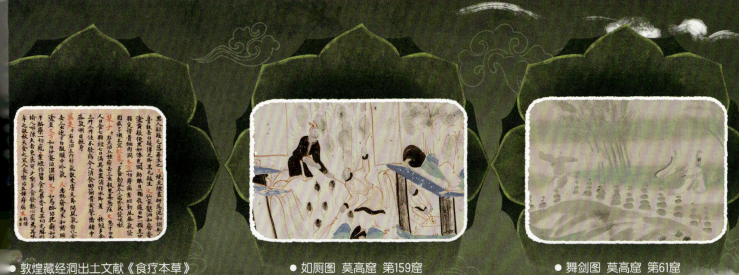

● 敦煌藏经洞出土文献《食疗本草》　　● 如厕图 莫高窟 第159窟　　● 舞剑图 莫高窟 第61窟

87

石窟里的"西游记"

敦煌石窟里,有仙音袅袅的佛国世界,也有市井喧嚣的烟火气。除此之外,在丰富多彩的壁画上,还跃动着流传千年的传统故事。其中有一个故事,主角的名字你一定听说过,那便是《西游记》里的唐僧师徒。

唐僧师徒历经九九八十一难才求取真经,而博大精深的敦煌文化,恐怕也得经过不断积累才能领悟真谛。

● 《西游记》是明朝文学家吴承恩创作的长篇小说,是"四大名著"之一。

俺老孙去也!呀~

● 敦煌壁画中,唐玄奘和孙悟空的人物形象多次出现。

● 榆林窟 第3窟

● 壁画上的唐僧师徒形象比《西游记》的出现早了几百年。